故鄉與星空

藍　野著

詩藝叢刊

文史哲出版社印行

國家圖書館出版品預行編目資料

故鄉與星空 / 藍野著. -- 初版 -- 臺北市：文
史哲, 民 105.11
　　頁；　　公分（詩藝叢刊；5）
　　ISBN 978-986-314-344-4（平裝）

851.486　　　　　　　　　　　　105022146

詩 藝 叢 刊　　5

故 鄉 與 星 空

著　　　者：藍　　　　　　　　野
出 版 者：文 史 哲 出 版 社
　　　　　http://www.lapen.com.tw
　　　　　e-mail：lapen@ms74.hinet.net
登記證字號：行政院新聞局版臺業字五三三七號
發 行 人：彭　　　正　　　雄
發 行 所：文 史 哲 出 版 社
印 刷 者：文 史 哲 出 版 社
　　　　　臺北市羅斯福路一段七十二巷四號
　　　　　郵政劃撥帳號：一六一八〇一七五
　　　　　電話886-2-23511028・傳真886-2-23965656

定價新臺幣二二〇元

2016 年（民一〇五）十一月初版

故　鄉　與　星　空

目　　次

作者簡介

藍　野，原名徐現彬，1968 年
1 月出生于山東莒縣。出版過詩集
《回音書》（21 世紀文學之星叢書
2005 年卷）。曾獲《詩歌月刊》"全
國十佳青年詩歌編輯"獎、首屆泰
山文藝獎、《詩選刊》第三屆"中
國最佳詩歌編輯獎"、華文青年
詩人獎、宋莊藝術村年度優秀詩人
獎、《青年文學》年度詩歌獎、中
國作家出版集團優秀編輯獎、"第
一朗讀者 2015 年度最佳詩人獎"
等。中國作家協會會員。任職於《詩
刊》社。

秋 天

我小心翼翼
害怕與朋友們談起你
只說，我想念春天了

上周有寒露
下周有霜降
天氣越來越涼

朋友們必須相聚
一起來，拋開孤獨
孤獨與秋天一樣深了

喝了點酒
那人就傻了
他說，春天有什麼好

我把酒瓶砸在他的頭上
這個頭破血流的人沒哭
我哭了

2002/10/20

朋友醉了

明月當空
朋友醉了
我扶不起他
東四十二條西頭
電線杆下的山東人
醉得就要寫詩了

他喜歡雪
喜歡光
喜歡白紙上的空曠
吐酒使他的身體空了
一張紙就是這樣學會飛翔
北京街頭，他輕輕飄動
東張西望地
尋找月下的故鄉

小王啊小王
醉的不是你一個人

我們都醉了
於是，笑得眼淚流出來了
我們放聲歌唱
好像不傷心

月亮底下
誰不開心
誰就不知羞恥
大家早已說好
誰不笑
就讓他落在地上
就把他一個人丟在街上

2002/9/17

太湖以南

湖州。三個人來了，陽光依舊
我是3，2姓李，1是我的老師

4在當地，是一個行當的教主
5也來了，他寫詩，也拍電視
6與我們性別不同，女性，未婚
她，阿阿呀呀，吳儂軟語
船上，風也好，雨也好，7說，
喝酒呀喝酒！喝酒呀喝酒

他的父親正在杭州化療，他陪著我們
喝酒呀喝酒，喝酒
這裏水多，草綠，適宜居住
4因此極為自豪，他臉紅著，但不喝酒
他72歲，未婚，自稱童男子
沒人相信，1、2、3、5、6、7一致堅信
有激情的人是有性生活的人
4比我們還愛吹牛，還愛抨擊

難道他真的吃素，騙鬼吧，騙鬼去吧

8來了，一邊走一邊招呼我們
一邊打手機一邊向在坐的兩位拋著媚眼
大家因而知道，這人的工作能力極強
看出來了吧，這人的性別也與我們不同
開始好玩了，4與5，兩個猛力接住眼波的人
開始鬥嘴，精彩！我因而認為
這個湖，這個傍晚，有點意思

"是時候了！"4這個老青年，
用他1957年的年輕聲音
高聲叫道
是時候了！
這其實是4的一首詩
40多年來，這句話如影隨形
調味盒一樣擺在他的飯碗前
撒一把恥辱進去啊
撒一把榮耀進去

我們知道，是時候了！
8的裙子適時張開如孔雀開屏
6也開始來勁，該笑的時候笑
該臉紅的時候連脖子也用力紅了

太湖的風開始有了一股南宋的味道
豔豔的，懨懨的
俗俗的，徐徐的

又來了一位女士，她是9
5啊5，我的好朋友，別再鬧了
你總打著為4張羅張羅的旗號
為什麼卻老搶風頭？！9不過腿長一些
眼卻細小，臉也蒼白，少看兩眼吧
老先生容易嗎？
5啊5，你吃菜的風格真的不錯
醉蝦不吃，小銀魚不吃，只揀白菜豆腐
你不是製片人嗎，怎麼吃菜之外
那麼像個導演？
是時候了！已近10點！
老先生不容易啊！

1的酒也差不多了
2開始喝水
3開始哼唱
6開始喝奶
7開始憂傷
8開始傻笑
9開始嬌媚

5大叫一聲：小姐，酒、酒、酒！菜、菜、菜！

4猛地站了起來，羞澀地看著1、2、3、6、7、8、9

"我再為大家朗誦一遍《是時候了》！"

2002/5/2

雨天的地下通道

大雨傾盆
我也想躲著，但
我是路過這裏

通道裏的人有說有笑
他們在街頭謀生 ——
修車、散發廣告、
撿垃圾、販賣水果

在南邊那個角落，還是那個盲孩子
我知道，雨停了他也站不起來
也不會走到陽光下
他只會拉著那把破舊的二胡
吱吱，吱吱

每天穿過這裏
都是他，在這潮濕的地下
拉著破舊的二胡

　　—— 一把鋸著日子的鐵鋸

人那麼多
他拉著，低著頭拉著
舞臺上那樣，身子輕晃

我的腳步漸緩
"雨住天晴吧！"
請見不到陽光的人
全都走上地面

　　　　　　　　　　　2003 年平安夜

四　月

祝福剛出洞的螞蟻
他們終於從自造的天堂裏逃出
天空多麼明亮
那探向空中的樹幹多麼熟悉

祝福狗尾巴花的根部
那小小的根八方奔走
一個月後的穗兒
正是十年前兩個少年戀愛的理由

祝福那塊石頭的寧靜
他忍受過熱也忍受過冷
他的沉默不會走掉
他的沉默得到過火山的允許

祝福我也請忽略我
春天給我的已經足夠多
我會輕一點活著

不去驚醒不想醒來的每一粒塵土

祝福那位出售夢幻的長者
祝福那雙累了的鞋子
祝福稻草人，他將開口講話
祝福風的影子，他回來過又已遠去

2003/4/4

電話亭下的男人哭了

一個高大的男人
躲在電話亭那黃黃的帽子下
聖誕夜，這個男人
哭了

他剛剛結束了通話
他剛剛接過了悲傷
他突然蹲下
旁若無人地哭了

遠遠地
我祈望電話鈴聲突然響起
那響起的電話
會再次安慰他
安慰這冰冷的夜

大街竟然是寂靜的
一點聲響也沒有

那個男人，卻又站了起來
他摘下話筒，沒有插卡撥號
就輕柔地說話

他哭著，輕柔地說話
我的眼睛真不適應這迷蒙夜色啊
把腳步放輕，快步溜走
我怕驚擾了這街頭的每一個夢

2003/12/26

最小化

坐在電腦前聊天的妻子
聽到我的腳步，慌張地
把聊天室最小化了

她開始流覽那些她從不注意的
形形色色的網頁
明星走光了
老頭變性了
瓦斯爆炸了
大車相撞了
局部戰爭了

我看著她
我看著她抖顫的手
我看著她流汗的臉
我看著她腳底下的緊張
我看著她發絲上的慌亂

好久好久，大概戰爭會停的
變性手術也走下手術臺了
煤井底下的人走回地面了
老婆，我的愛人
她把聊天室點開了

那個聊天對象急了，一串串地發問：
你怎麼了？
你沒事吧？
我給你惹事了？
你怎麼了？你說一個字呀？你怎麼了……

老婆，我的愛人
14 歲孩子的媽媽
她的臉紅了，手抖了
老婆，我的愛人急急地打下了一行字
又慌亂地回頭看著我

“ —— 我爸爸來了，一直站在我身後”
我微笑著走開
對於一個把自己最小化的女人
誰也無權說三道四

2004/6/18

百子灣

迷路的人在鐵軌上走
深秋過後，他的迷失是恰當的
傍晚，天色昏暗
垃圾場把那麼多城市的碎片集中在一起
白菜的血和煤塊的血
是流在一起的親兄弟

在這裏，大地的空虛可能比天空的虛空更大
沿鐵道步行的人
走著他的遺忘之路
他伸展的雙臂和鐵軌
有一個更適合他的飛翔

他把欲望扔了一路
突然蹲下，手捋稀疏的頭髮
讓床單承載了他的局部生活
微小的火焰
燒著了他的夢，他的身體，他的異鄉

某一天，那刻畫時間的手錶
那描述空間的通訊器
那修飾身體的玻璃珠鏈，點燃紙張和流水的打火機……
還有他的衣服
也都隨風飛走了
只有他的身體泛著一層微弱的紅光

當他把掙扎當作了飛翔
夜空裏有多少精靈在墜落大地啊
當他站在高高的路基上
向著靈魂逃走的方向不停地哭泣

2004 年

晚安，北京

晚安，那些進城的人
那些海陵王騎來的馬匹
晚安，那些出城的人
那些出站離港的火車和飛機

晚安，那走在路上的信
他們奔跑著，向故鄉報告寫信人生育的消息
晚安，那道路邊的樹木
他們趁著夜色抖落滿身葉子

晚安，人民醫院
那在人民醫院療傷的人民並不為病痛哭泣
晚安，安定醫院
在那裏唱歌的不安定的好人突然把初戀記起

晚安，黑暗中的閃電
閃電照亮了那短暫的親吻和長久的幸福
晚安，那在尋找房屋和床鋪的風

它有理由不再流浪，它有理由在上帝的懷中睡去

晚安，三裏屯
那條街的燈紅酒綠
晚安，圖書館
那些安靜地躺在夜色中的好書

晚安，那個向我說了晚安的人
晚安，城市，那些在城市上空互道晚安
無法安眠的天使

2004/8

夏天就這麼過去了

夏天就這麼過去了
立秋的時候
我走在路上，就像
為了趕往秋天，你喜歡的日子

我總是憤恨於自己的細膩
一個男人，為一片落葉傷心
多麼為人不齒

夏天就這麼過去了
夏天過去的時候
我在路上，你在遠處
和那些熱愛生活的人住在一起

把夜晚當作白天
把好時光痛飲下去
把我暫時和一粒大道上的沙塵
放在一起

我想了又想
算計著未來的時日
決定還是這樣活下去
等大風吹來屈辱
也吹來更多的回憶

秋天來了，天空不會哭泣
在月光一樣乾淨的書信裏
我回了一次愛情的處女地
乘著一張飛翔的白紙
乘著一片從頭頂飄落秋天的葉子

2004/10

原　諒

請原諒，我在你照過像的那裏也照了一張
請原諒，我的腳印可能在你的腳印之上
我們每踏落一步
必定導致塵土的再一次飛揚

請原諒她們，滿山的樹葉開始枯黃
請原諒我把秋天當作風景
在果園和溪水旁使用了遊客的眼光
請原諒，這瞬間，我竟然快樂，竟然毫不憂傷

請原諒我一個人登上了泰山
請原諒，我在你登臨的地方沒有過多停留
請原諒，我在眾人遠眺的地方把來處的生活張望

2005/1/27

濟　南

從濟南傳來了消息
那裏有人愛我
有人恨我
從濟南傳來的消息是正確的
和其他地方的消息一樣真實
我知道到處都有人生活在無比正確之中

愛我的人
也許不瞭解我
而恨我的人，可能對我有一些瞭解
我和他們一樣
時常會仇視一粒長成秕子的稻穀
我和他們一樣
總把自己當成飽滿
把自己這粒穀子的顏色
叫做金黃

我多次路過濟南
看望朋友，喝酒
我多次後悔酒後說出了對濟南的感覺

2004/12/21

51 次，52 次

天津、德州、濟南、臨沂
這是火車經過的幾個城市

向南、向東
我認出大海和太陽的方向
飛跑的深黑鋼鐵
裝載了喧鬧和夢幻

曠野、大雪和飄落的碎紙片
也一同穿越坍塌的時間
在我們撇腔撇調的鄉音面前
開始滿面春風，迷途知返

向西、向北
我知道了生存的力量
每一聲月臺上的叫賣
每一雙背包裏失眠的鞋子
拍打著路基下黯淡的灰塵

比我們更早到達的
是懷念、電子郵件、黎明和春天
我們鋪下一張紙
從車站廣場開始,展開新的一年

來了,走了,來了,走了
送別與離去同樣需要承擔記憶
速度還是有作用的
一個模糊的移動的時代
鳴笛,提速,漸行漸遠

2003/2/23

春天總是一閃而過

除了楊花飛舞
我已不記得春天還有些什麼了

那些跳躍的女子
脫下了鴨絨服
就換了露腰露肩的小上衣

道路上楊花飛舞
楊樹葉子一瞬間就放大了變綠了
車窗外楊花飛舞
我們別去，她們如此
一片片雪，一片片離情別緒
我們回來，她們如此
白色的，輕盈的，她們飛舞

她們等在路上
打著毛茸茸的無聲的招呼
她們，楊花飛舞

她們在計算著兩個人的來去：
三天，三千里
這兩個匆匆趕路的人把春天送到了哪里？

楊花飛舞，春天遠逝
時光的夾縫裏
我們不比一片楊花更知道春天的去處！

2005/4/14 草寫

蘆　山

回來，在一處不高的海拔上
一個叫山的孩子
一一叫醒或坐或臥的每一塊石頭
並約請他們
一起聽山林的合唱

和山一樣沉默的孩子
懷揣著夢幻的火焰不敢說話
他在辨認那細碎的小花
那比寂寞開得更淡的藍

故鄉啊
你的孩子為了放聲笑
先把眼睛閉上了
這膽小的人惟恐淚水來得更快更早

2003/5/7

日　照

太平洋岸上一個安靜的角落
一個人的日出
已經持續了多年
他習慣了沒有陰影的黑夜
一個人
可以用更多的色彩把大海塗抹

那麼多相同的日子
已經把他的青年時期交換走了
為了尋找活著的意義
他愛在沙灘上堆城堡
試著用自藏的秘密感動自己

他們來了，大家
要看看一個人怎樣演出
一群人怎樣把一個新生的膽怯日子
瓜分，那取走快樂的是誰
那情感的縱火者又是誰

黎明，當謊言漸露它的魚肚白
啟明星下，朋友們懷揣著秘而不宣的夢
跑來。太陽，太陽
就要出來了
太陽就要撕碎我們在午夜做下的承諾
太陽就要指認我們：
誰更適合作為風暴
被大海傳誦

新年的第一束陽光來了
暗禱的巫師又把手中的鈴鐺敲響
多年前他歌頌過海天間那被撕痛的一吻
而今，天寒水冷，他不會跑下水去
他只是遠遠地張望

2003/1/21

再寄蘆山

霧中的登山者
必是對小草躬身的人

每一滴漂浮的水珠
正如我打不開的詩篇
看不清的夢幻
　——　那樣輕又那樣重
　——　那樣近又那樣遠

栗子樹、刺槐、馬尾松 ——
懸崖、深谷和每一塊石頭 ——
這些等待都已生長了萬年

大霧深處
山靈偷偷地看著我們

即使大霧褪去
我們也無法互相看見

神呵，你的注視是否應該接受
　道德的審判

濕滑陡峭的下坡路
一次命定的摔倒等在那裏

這一切並不可怕
令我顫抖不已的是 ——
山靜霧重
我無法張開喉嚨
無法大吼一聲

2003/5/10

回音書

父親，你在那裏一定知道
我時時憂傷
一定知道我的身體裏埋下了時間的鞭子
從裏向外抽打
我的頭髮開始白了
我再次愛上了故鄉

父親，我還愛上了手寫的書信
正像現在，給你寫
也給她寫
寫著我的塵土
我的火焰，我的天空裏飄著別人的雪

我在一遍遍練習著說我願意
並不是模仿教堂裏的婚禮
我只是想說
這一切，這塵世的事物都是我願意看見的
這塵世的悲苦是我願意承受的

每天，我背著包裹奔忙
我的背包裏有她的照片和來信
有她手寫的陽光和月亮
請你不要生氣，現在，就是它們
照亮我在黑夜裏走著你的路

父親，原先只你知道我是個愛癢的人
現在，她也知道
前些天你從天堂來信要替我止痛
放心吧，我的腐爛
她只用一把無邪的鹽就止住了
我已不再痛癢，不再呻吟
現在，我輕快得可以飛翔

而且，她也開始呼喚我的乳名
有一天，我們看著青綠的西山
一直看，一直地看下去
我突然就感動了
就把這個秘密
你讓我長大後要保守的秘密
告訴了她
面對我，她閃著清亮的淚花

父親，現在是夏天
大地潮濕，城市無眠
嘈雜的人群呼嘯而逝
我想讓你看見 ——
我還是你安靜的孩子
不去躲避這歲月的緩慢和苦難
因為我愛上一個人後，依然愛著
你飄蕩的炊煙和天空的蔚藍

2004/8

打草機在樓下轟鳴

打草機一遍一遍
在樓下轟鳴

那打草的人知道
草的疼
那青草知道
一座樓的呻吟，是因為一種深夜的病
陽光踅來踅去
到達三樓的後窗
到達打草機交錯的鋸片
在鋸齒上上下翻飛
那些愛唱歌的小草
那些願意被攔腰斬斷的小草
她們傾倒著綠色的油漆桶
傾倒著她們晚冬的愛情
在樓下，我站在雪地裏張望
她們細小的手臂
她們脆弱的脖頸

我想起多年前的勞動
是她們讓我提前幾個月
知道了
春天的逼近
六月的草葉洶湧
而打草機是在冬天一遍一遍
在樓下轟鳴

櫻桃園

穿過造雪機吹送出的大片雪花
穿過玫瑰花瓣鋪下的香豔甬道
穿過這虛假的北京之夜

穿過那契可夫腔調的俄羅斯大地上的風
我們來到自己的櫻桃園

這樣一個將盡的春天
櫻桃紅了，我的籃子裏真實的果實
在紅著，在成熟著
但也將很快腐爛

它有什麼理由值得我們珍惜呵
這時光如此短暫，如此短暫！

2006 年

車禍現場

我們被嚇壞了，有三秒鐘
孩子驚叫和哭泣後
我才明白，我剛剛從另外的驚嚇
來到這一場新的驚嚇

被撞飛的兩個男人
在遠處試圖爬起來
瞬間，世界破碎
就像這滿地晃眼的碎玻璃

五月正午的太陽晃在頭頂
安靜的山上，宛如世外
而我們下來，迎面而來的
便是猛烈的撞擊

我知道是我，最該面對
這一聲巨響
不是因為我的恍惚
而是我有那麼的罪過，尚且完整
命運是多麼不公！

2006 年

殺羊記

我，我們的兒子，和那個海邊來的孩子
盯緊了那只被捆綁起來的山羊的眼睛

是我們購買了它 ——
它的眼睛，他的跳躍
它的歡快，它的驚恐，
它的生，它的死……

燒烤架忽忽轉動
木炭紅著
食客的眼睛紅著

天空的眼睛裏
大地在抽搐

轉山回來
看著桌子上熱氣騰騰的烤全羊
我們饞涎欲滴
有了更強的饑餓感

2006 年

杜鵑花

這些暮春的光芒在山上
這些飛舞的火焰在綠色中
這些紅粉在湧動的人群裏

我們被人牽引，把山看作佛
把花朵認作仙子
把自己當成遊客

一位花白頭髮的老人
肩抗一張新打的鐵鋤
匆忙走向山地
他有些慌張，一定是地裏的草長過了禾苗

像我的父親
荷鋤的老人怎麼能看見杜鵑花？

2006 年

靜夜聽山

我深信萬物的秘密就藏在這裏
—— 一座山
—— 一塊石頭
—— 一片草葉
—— 一滴露珠

以我自己的標準，我
沒有對任何人犯下罪惡
而對於你，我的罪惡那麼多
我給了它們存在的理由
它們點滴累積，成了這暗夜裏黑色的大山

這腳下的沉重大山
卻似背負在我的身上

2006 年

飄流記

—— 在小興安嶺大豐河上漂流，寫給國彪

想從一次漂流中
提煉出一點兒人生經驗
似乎荒唐，因為我們真的經歷過
比漂流更驚險的生活
你看，我四十已過，你年近不惑
身體都發福了
每日晨間，必食藥片一粒
必聞囑託一聲
挎包勒在肩上
就像我們真的能背起些什麼

當一棵樹木橫樑一樣壓在頭上
躲避，側翻，落水，這就是此刻我們的宿命
大東北密林裏九月冰涼的河水
就這樣親近了我們
爬上皮艇，讓我們重新環顧

小興安嶺藏起來的這湍急的流水
呵，天空碧藍，河水清澈
夕陽透過林稍，那溫暖我們剛剛知曉！

因為我們的呼叫，奔突，歡欣
樹木醒過來
山巒醒過來
天空圍觀了我們的狼狽和鎮定
——這演出多麼驚悚，讓我們驚歎不已
但河邊總有不願意醒來的沉睡的部分

想從這林間的漂流，綠色的漂流中提煉出人生經驗
確乎荒唐，在小興安嶺的密林中
在這清澈的大豐河上，此刻
我們肉身沉重，但也是忘我的！

大　風

── 在小興安嶺林區風災紀念地

大風過後，這小興安嶺的張氏、王氏、李氏
毀容矢志
背負著腐朽之名
寸步不離這雄偉的山川丈夫！
── 那紅松躺下，姿態也是直的
面容毫不萎靡！

導遊說，前年夏某夜
邪風突起，這千株紅松
或被拔起，放倒，或被攔腰折斷
我們說，可能是哪一棵成精的紅松
得罪了什麼神靈
或是得道的狐狸在善心的樹林裏
躲避天譴
反正，妖風總有來處

就這樣，這裏竟成了風景
原來，溫和平靜和疾風暴雨
都可被參觀，被紀念
在這大風劫掠的森林裏
我呆呆站立，想等一場大風，吹我
將我如沙粒一樣吹送到一株紅松下
在那裏開始我在大森林裏的
這次輪回

山　鬼

留靈修兮憺忘歸，歲既晏兮孰華予！

　　　　　── 屈原《山鬼（九歌）》

我們一群，誰適合做一次山鬼
來一次她那樣的等待
然後，風颯颯，木蕭蕭
離開這寂靜的夜晚的山裏？

夜露冰涼落下
大山隨著輕輕晃動了一下
宿營在野地裏的人夢中大聲說著
掩藏多年的愛恨
老李在農家炕上打著驚世的呼嚕

適合刻下塵土秘密的
是那些石壁，還是那些早到的露珠
是輕，還是重？
是永恆讓人驚喜，還是一瞬令我歡愉？

這虛幻的夜晚啊
松林的歌哭和著我們登山的腳步
那些星星並不赴約
黑暗裏分叉的山路，使我們像白天一樣
老是面臨選擇，老是小心翼翼

2007 年

沂水地下螢光湖紀遊

大地之下，藏有多少秘密？
一整個天空躲在這裏！
── 螢火蟲和我們的幻夢
一起建造了這絢麗的星空

我們在低處，在黑暗中，孤獨被放大了
在黑暗中，看見那之於我們最重要的
僅僅是這樣的一陣寧靜

我生活在想像之中，生活在自己和她的想像之中
生活在光明和黑暗的想像之中
我不在這裏，正如你不在遠方！

頭頂著那耀眼的光明，那煊赫的光明
我已經有一個角色在扮演了，不要
將黑暗中的想像拿出來，不要這黑暗中的人來到光明之地

把我們的聲息變得輕一些，再輕一些

如果能消失掉更好
　—— 免得打擾了這裏的安靜
驚醒了那停靠在岩壁上的夢

2009 年

七　天

（螢火蟲的成蟲期只有七天）

七天，神創造了世界
神說，要有光
神把光暗分開……
七天，那光明的天使
掙脫了黑暗的繭殼
翅膀在塵世滑過……

我用螢火蟲的紀年方式愛上你
從飛到落，從看見你到找到你
不問世上是否千年
只過這洞中的一日
我們愛得如此緩慢，也如此讓人揪心地短暫

七天，神創造了世界
七天，螢火蟲起飛然後降落
飛降之間，她和我們都有足夠多的光陰

2009 年

螢火蟲

做一個有夢的蛹
夢見來世，夢見飛行
夢見成蟲期那短暫的舞動

或許，我是在一個螢火蟲的夢中，做了遊客
做了這瞬息生命中的此刻的遊客
來看洞壁上的自己，而我全然不知
我的笨重的軀殼，曾經輕盈，曾經滿懷光明

有那麼短短的一瞬，我找到了前生的記憶
來世的景象也在眼前展開
這洞裏洞外的歲月並沒有多大區別

更長的時間，我在這裏，在夢中迷路
找不到哪一個是這時的我
　──上帝啊，我願是洞壁上最小的那個小蟲子
請教給我如何飛翔！

2009 年

初一深夜

街上那麼多燒紙錢的人
悄悄地出來，悄悄地回家

他們是懷念的人和祈禱的人
道路的一側，牆角，樹下，他們點亮了
他們想點亮的那些，紙錢，和說不清的念頭
打火機點亮了一次，再點亮一次
惟恐那光亮熄滅
惟恐風大了，那紙灰飛得太遠

我就在窗子前站著
喜愛了這到處都是亮光的世界
暫時的失眠，因為愛
在凌晨的睡夢裏尋找光線，因為愛

道　理

城市孤獨下來
我立刻成為一座廢墟
身體是殘破的柵欄
裏面荒涼一片，寸草不生

僅僅是一個資訊
我就明白了
地球的旋轉是有道理的
夏天是有道理的
灰燼站了起來，成為
枝繁葉茂的大樹是有道理的

玉淵潭

今夜，我在另一首詩裏看見了這三個字
這三個突然發光的字
剎那間，耀眼的三個字使我不得不閉上眼睛
它們實在奇妙啊，玉！淵！潭！
每一個字都那麼強烈地有著我們命運的暗示：
一個命裏缺水的人找到了水！
我們的名字呼應了水邊的石頭和草木！
我突然將守了多年的文體分明的主張放掉了
和你一樣，不嫌辭費，散漫自在
儘量平靜地寫下這些不要約束的文字

那適時而來的雨滴，洗衣的婦人，躲在城市一隅戀愛的學生
那莊重的樓群，輕蕩的水波，低翔的小鳥
遠處的灰和近處的藍，都來了，都來構築你的畫面
我們又和這湖水一樣，在風雨到來之時反而安靜起來！

南岸，那塊巨大的石板和我們有著幾世的因緣？
我們之間，誰的魂魄曾經暫存在這堅硬的石頭裏？
或者，此刻，我們，世界，僅是那冰冷石頭的一個溫暖夢幻？

2009 年

蜘　蛛

那只蜘蛛在爬動
我哪里來的細心啊
竟然像你一樣
盯著她，一直看，過完了這整個下午

我們出生，成長，接受了祖國
接受了這些江河、山嶽
就在這裏，接受著這個我們的下午
而這世界的每一個角落
我都想看見

這藍色星球另外的一隅
樹木，秋千，或者壁爐之間
肯定也有一隻蜘蛛在爬動，在織網
或者同樣，光芒還在，而火焰遠去
或者一隻飛舞的蝴蝶在蜜蜂的航程迷路

我搜遍了牆上的地圖

一隻細小的蟲子在地球的另一側
織著她縱橫交錯的生活
我看見了，那麼清晰，那麼清晰！

2010 年

夜航臨窗

飛機開始下降
我臨著舷窗，看見一片片光亮
那燈火璀璨處，該有著怎樣的繁華和溫暖啊
而更遠處的光亮是單獨的一點
遠離了喧鬧，更吸引我的目光

繼續飛行中，我剛剛看見的單獨的一點
其實也是一片連接起來的光芒
真正孤獨的光
我是看不見的，在離開地面的高空上

2011 年

春天，那麼多……

桃花，垂柳，春天的大風吹開了那麼多
吹狂了那麼多
卻吹老了我

那麼多沙土被風揚起
昏黃的大地之上有一位少女一瞬長大
而一群老嫗眨眼間
羞澀起來，像等待開放的白玉蘭花

春天，殺狗的人帶著繩索走上長街
那馬匹四蹄騰起，跑不出它撞上南牆的宿命
瘐死的現代姦夫，有多少傷心事啊
其中最重要的，就是，記憶裏有一個吻僅僅吻到了鼻涕……

那麼多差錯啊，那麼多無處投宿的花粉
那麼多暗夜裏明亮的夢
那麼多說不出的話，憋在了北方少年的紅色臉膛下

需要一個獻祭給莫名之神的生靈嗎？
我希望是我，臃肥體重的我
而不是一隻被虐的貓
或者一隻迷途的翅膀帶傷的麻雀

在哪里，是誰，等待著道歉
我希望是我，代替宇宙中這微茫的一粒
說出：對不起，是我們，是我錯了

2011 年

大地回暖

大地回暖
親水別墅的看板下
一個男人和一個女人在翻滾
這是春天的北京

遠處的人悄悄看著
不，不要驚擾了他們
因為這是春天
大地已經回暖

不要告訴他們，就在昨天
就是這個高高的看板上飛身而下的人
死在了他們親熱著的這塊土地上

遠處，還有更高的架子
那是新建的大樓
是建大樓的塔吊
總是有人愛爬到高處

然後，跳下來
他們不知道
有一位元辭才飛揚的記者在他莊重的報紙上
記錄了這種跌落，然後深情地寫道：
啊，春天！啊，飛翔！

活了許久，我已經弄不明白
往高處攀爬是走向深淵
還是朝低處跳下是飛向天堂

此刻，大地回暖
我敢確定，高大的看板下
有兩雙飛動的翅膀

2012 年

夜過長安街

這個城市有太多記憶
大概地下千尺，前朝人事
還在那裏熱鬧著
多麼深遠的歷史
對於我，不若一個被翻出來的短消息更有意義

酒宴罷了，從公主墳東去
玉淵潭安靜下來
博物館裏，塑像在試著呼吸
那個麵館剛剛打烊
坐堂的老大夫吃了最後一碗小豆麵，正披上出門的大衣
夜深了，光合作用那裏
那站讀的人也該合上最後一本書……

去他的完顏亮，忽必烈
不用他們，不要那千萬的勞役
不經意間，你已為我建起了一座首都
深夜，我穿過我們的京城

這兩個人的首都，我一個人居住

你看，夜過長街
我正想對偉大的建築師說一聲謝謝
那握在手裏的手機，突然亮了：
晚安，泥瓦匠。晚安，砌牆的人

2011 年

草木記

白浪河，我們是來尋親的
但離鄉已久的我，辨認不出太多的親戚！
請允許我們來認下這些 ——
搖曳的鳶尾表妹
安靜的睡蓮姐姐
挺拔的楊樹表哥和俊逸的蘆葦表弟
苦澀的苦菜花小姑
還有芬芳的米蘭同學……

在這裏，我是誰呢
是一片背離了季節的青色落葉
還是順應了光陰的伏地的小草？
無論是顫動於哪一片的恍惚
我總能感覺到，我，輕輕地
隨了那跳躍追逐的松鼠
和飛翔的鷗鷺，一起啊
一起，我們一起，對著這大地與河流輕輕叫著：
媽媽，媽媽……

對　話

我模仿著你，和自己說話
深夜
一個人變成
兩個人，在說話

模仿著你的平靜
和我的慌亂說話
模仿著你智慧
和我的愚笨說話
模仿著你吃掉了一半的聲母
說那些我們創造的詞⋯⋯

我叫你一聲
然後自己應答
模仿著你叫自己一聲
還是自己應答

就這樣，漸漸迷糊

然後沉沉睡去
在夢裏，我更是分辨不清
我們中的哪一個
在這裏夢見了另一個

坊茨小鎮

這裏叫啤酒聯合國
那些大大小小的啤酒桶
來自遙遠的國度
它們五顏六色，口味不一
正如此刻，我們讀著聽著的詩

翻過牆去
詩人孫方傑少年時代寄身的老房子
太老了
是東洋人趕走了西洋人後
在德式建築一側恭敬地蓋下的
終於，去年，牆頭上已經釘上了文物保護的鐵皮牌子
政府，試圖留下這土地上過往的光陰

搬走後的軍隊醫院
德國人的大飯廳
展著俄羅斯人的小油畫
幾個非洲人

於木雕前停住，瞪大眼睛
也許在尋找祖宗們留下的秘密
而我的手上，握緊了
一條剛剛接到的短資訊
世界，似乎只在這方寸之地
便展開了它的全部

當我的一首詩歌由女詩人來朗讀
讓我羞愧的時日
隨啤酒湧到眼前
請不要再讀下去！──
這個夏天，我拔掉了身上的鐵皮牌子
親愛的，我不負責記憶
此刻，我並不完全在這裏！

朝陽路

對我來說，這確實是一條路
一條用雙腳走的路
一條乘公車緩慢穿越的路
一條出去和回來的路
從西到東的路，從東到西的路
已經好多年了，我的散漫和匆忙
都由它，在灰塵中做了詳細的筆記

有時候，我會在路邊站下
我的一貫動作是抱緊雙臂
像懷抱裏有一塊怕碰的玉
我的動作是多麼輕啊
我的嘴角老是掛著一個灼熱的詞
這個詞，只念叨給遙遠的你

秋天也有壞天氣
雷雨中，每一片樹葉都可能帶電飛行
秋蟬的無邪歌聲也會及時遠遁了

楊樹和泡桐造就了許多恐怖的黑影
朝陽路，有那麼的天堂
也有那麼多的地獄

走著，走著
我會猛地轉身
對著已看不見的鬼影揮出拳去

2012 年

930 車上下來那麼多人

不，他們不像行道樹上那些紛落的葉子
不像，他們僅僅是散落的樣子有些微的飄忽
他們只是匆匆地趕往等待中的北京城
趕往天涼了仍然在張望的慌亂的首都

從一個小鎮，930 公車開出
先是蹣跚邁步，然後在快速路上毫不停滯
有人在車上看書，有人在車上酣睡
有人透過車窗看見天空滑過飛機
有人開始數秒，為了赴約，他開始了一生的倒計時

看啊，930 車上下來那麼多人！
在路邊冰涼的水泥臺階上
我裝做漫不經心，翻看著一本電影雜誌
其實，我一直在尋找
找到了二十個關於 930 下車乘客的比喻
又一個一個放棄

——看啊，這些秋天飛旋的樹葉
在徒勞地尋找春天青綠的樹枝！

2012 年

石頭記

我有什麼臉面說自己滿懷激情啊？
我們桌上的那小小石頭
沉著，安靜，卻是從火山口噴射而出
它心裏的火焰還在
內壁是紅色的，有著沉重的起伏

這個城市，有人吸食毒品，我不敢
有人跳下高樓，我不配
有人狂嘯，有人裸奔，有人毀掉詩篇⋯⋯
而我沿道路上最僻靜的一側垂頭走著

那外表冰涼的石頭
曾經激烈燃燒過，看著他們
我有什麼臉面說自己滿懷激情啊？

2012 年

石　榴

—— 給杜慶秀

院子裏的石榴樹
是你栽下的
竹子是你栽下的
杜仲是你栽下的
葡萄是你栽下的
月季是你栽下的
牡丹、菊花、白菜、蘿蔔、芫荽、韭菜、絲瓜、葫蘆
是你按照季節的命令栽下的
　　—— 我和孩子在院子裏數出了 60 多種植物

每年中秋
石榴就成熟了
紅著臉膛，或者笑裂了嘴
它們被你一顆顆摘下
一顆顆摘下，並念叨著，這顆是女兒的
這顆是婆婆的

這顆是兒子的
這顆是我的
這顆是你的

但你總是撿出那些大一點兒的：
　—— 這顆是孩子爺爺的
　—— 這顆是孩子姥爺的
　—— 這顆是孩子舅舅的
這些過世的親人
也許可以聽到你的念叨
　—— 但那些剝開的石榴，鮮豔的籽兒
跳躍在我們的嘴裏

我們和你一樣，一致認定
所有的親人
有滋有味地品嘗了這又酸又甜的石榴

母　親

一位懷孕的女人登上公共汽車
扶好車門裏側的立杆後
對著整個車廂，她很快地瞥了一眼
她那麼得意
像懷了王子
她的驕傲和柔情交織的一眼
似乎整個車廂裏的人，都是她的孩子

車微微顛簸了一下
我，我們，和每一絲空氣
都心驚肉跳地驚呼了
　——道路真的應該修得平坦一些
　——汽車真的應該行駛得緩慢一點
有很多母親正在出門，正在回家
正在懷抱著整個世界，甜蜜而小心

有很多母親正在出門，正在回家
懷抱著整個世界，甜蜜而小心

2011 年

不安的春天

這個春天，一定有它的設計者
他躲在一張白紙或者一縷氣流後面
四時輪轉，不過是他的一個小小遊戲
我們只是遊戲裏的小小配角

這個不安的身軀，剛剛習慣溫暖
剛剛知曉，一定有另一個身體
也稱作 ── 我
他在遠方，與我互用魂魄
追隨著他想追隨的，比如油菜田，溪水
和布穀鳥的第一聲呼喚

春風多麼過分地夾帶著寒流
我仍倍感幸運地領受這戰慄的不安
演出開始了！有一個我站在這裏
在無邊的天幕之下
奢侈地享用著生命，這遼闊的大劇院

2011 年

雁蕩山

山勢起伏，不過是波浪一樣
在悠遠的時間箭矢上暫時凝固了
流水跳躍，是呆坐久了的山神
無聊中的奏鳴曲。
山與水的演奏，徐霞客之後的偽旅行家
沒有哪一位駐足靜聽
只有這端坐的巨石，凝了心神，豎了耳朵

山水秀麗，卻也時時讓你
面對一面又一面絕壁。
隨繩索蕩過懸崖的人
已經解決了人類自身飛翔的問題
而我們，絕壁在前
只得沿山谷轉著
去發現那個碰壁的影子

仰頭看山峰切削出來的天空
高遠明亮的天空如一面面鏡子

它倒映著世間之大
也同時蔑視著躲在峽谷裏的那個渺小的自我

但看客中自有廣闊之人
他們不會蕩崖，卻有著飛升的雄心
早已高高在上
將雁蕩山當作一座小小的盆景，把玩不已

2014 年

深淵記

── 在雁蕩山大龍湫

只有跌落
才能將大地砸出深坑！

我來時，大龍湫瀑布
只是一線起舞的雲霧
掛在高高的崖壁上，如一幅縹緲的飛天圖

而崖壁下的深潭
碧藍，幽深
就讓水漫過了我的腰際
漫過了胸膛
漫過了口鼻
漫過了頭頂

　── 突然睜開眼睛！
站在一個深淵前，如一個濕漉漉地爬上岸的人

逃向塵世

那雲霧一樣的秋末枯水瀑布
還在輕輕飛舞
正如我，正如我們
生活中也只配這樣秀一下
不決絕，不奔跑，不跳下萬丈懸崖
只是輕輕地扭腰舒臂
只是輕輕地將自己放置在一個夢裏
如這秋日裏，一段荒涼、懦弱的人生

2014 年

柳葉湖

夏天在這裏
和北方不同
熱得不同，燥得不同
這裏的熱是一片柳葉的輕盈之熱
是一聲蛙鳴的跳躍之熱
是一滴雨的忽冷忽熱

總要寫到湖水吧
湖水在那裏，微波蕩漾
千萬片柳葉壓低了噪音
輕輕說著，這湖邊微醺的夜

射手座的香樟
和水瓶座的柳樹
悄悄地在湖邊散步

有那麼一刻，他們突然駐足
安靜下來，聽朗州司馬搖頭晃腦

吟唱著那首竹枝詞

和整個世界一樣，武陵與洞庭之間
沒有什麼可以戰勝時光
此刻，我熱淚盈眶
想學劉禹錫，用一首詩讓生命更久更長

2015 年

夷望溪

被命名為一條溪
流量卻多過了那些湧動的北方大河。
在沅江數不清的枝杈中
這不是一條被經常提及的支流

在夷望溪的小船上
我看見河流分岔,然後突然拐彎
任性的流水,在山川之間各行其道

和夷望溪一樣,我們一波三折的生活
未知和變化才是風景。夷望溪之上
遠望可見隱約的青黛山峰

2015 年

雲霧中，別壺瓶山

這是雲朵裏的告別
這是南方水墨中的告別。
道路時而與澧水交叉，跨水而過
時而遠離了陪伴我們下山的河水
只任雲霧罩著身體
也纏繞隨落差起伏不安的心

盤旋而下與昨晚的盤旋而上感覺大為不同。
時間是不同的，感覺離別太快
而上升到一個省的屋脊是緩慢的。
匆匆作別，我甚至沒緩過神來
有一刻懷疑了，這個下山的可是那個上山的我？

在迷宮一樣的山上
我聽了太多的故事。這北緯 30 度的諾亞方舟
多氧的山林，和活潑的山流一起
預演著有關拯救世界的劇情。
桃花水母，華南虎和多情、有力的澧水號子

比那些大人物被誇飾的傳奇
更美，更有價值

回首揮別群峰，突然覺得
這不是告別，我們穿過霧嵐
似乎只是為了下來確認
昨夜山上的蟬鳴確實與山下不同

2015 年

朱雀行

在這裏，我們找到了給未來寫信的郵局
在貼滿了高鐵票、登機牌的小店牆壁上
小心翼翼地將兩張汽車票藏下
它們與我們分別了！它們與我們分別了
如葬在萬水千山之間的兩片葉子
順應著命運的安排……

我們各自寫了信，像兩個懷著遠大理想的孩子
寫下了夢幻與期許
多年以後，此刻的情景
會乘著一張張紙片，穿過時空的阻隔
找到我們，如日暮的小鳥找到歸宿

江岸和小巷子裏的燈紅酒綠
給山城的夜晚披上一件彩衣
這喧鬧的酒吧之城，這狂歡的偶遇之城
總會有孤單的人，如山頂那盞孤單的燈
自個兒行走，自個兒長久地發呆……

喧嘩的廊橋市場上，我們找不到舊日的賣書人
一條溫暖的圍巾搭在胸前
落雨的夜間，也有了彩虹圍繞著我。
每個小店，臨門的小廳裏都有一位怕冷的南方人
用手臂，用身體，輕輕圍抱著電火爐
如抱著初識的情人，不敢用力，又捨不得放下

一座大院子的門廊外
我們成了不能登堂入室的人
沒有什麼，所謂文化不過是院子裏的幾塊青磚
估計，導遊詞是這樣的：
那個男人坐過這裏
離別之時，那個女人衝動地擁吻了這棵榕樹……
有人在雨中跑了好遠
想買一張門票，而賣票人已收拾了攤子
這就夠了， —— 這街巷裏的石板路，幾百年臥在這裏
被遊客和鄉民踩踏得光滑明亮
 —— 這就夠了，面對奔跑著的買票人
我擁有的足夠多

這條河的落差，這條河的嘩嘩流水
這劈裏啪啦的冬日小雨
正適合我踏實、安靜的睡眠。
如那個喜歡在旅店和小舟中寫信的歸鄉人

在溫熱的小旅館，我找到了
── 人到中年最安恬的一夜

兩個為逃票而繞道的人，蹦蹦跳跳
在短暫的尋找中，命名了他們的旅途
── 舟楫之旅，薑糖之旅，冰雪之旅，歲晏之旅……
就似這用比喻堆砌出來的朱雀城
靜止和流動
都有著太多光彩奪目的名字

2013 年

洞庭之西

只有水流能逃過孤獨
先是溪水，後是支流，再是大江大澤

洞庭之西，幾個詩人被命運驅趕
今夜，謫守在這片浩蕩的大水
洞庭之西，招魂的聲音
從楚辭而來，在耳邊迴旋

在隆起的山脈和浩蕩的蘆葦之間
萬千人事，隨波而逝
我的喉嚨嘶啞，卻喚不回東去的一個水滴
只是讓自己在奔湧的河流中
做了被召回的魂魄

拖著沉重的肉身，抓住水邊的芷蘭
掙脫了急驟的漩渦，爬上了岸

2013 年

牛肉粉

這裏，牛肉粉最是好吃。
我們來到劉聾子家
—— 最響亮的品牌躲在一條窄窄的巷子裏。

從靈泉鎮到津市
路邊的黑暗彌散著曖昧的氣息
在人群裏，我，這個遠來的食客越發不清晰

　—— 沿著鍋，輕輕拖
像我這樣貪戀美食的人
很容易學會撈粉的技藝

趕了幾千里，再趕幾十裏的夜路
難道只為了這一刻毫不遮掩的口腹之欲？
這一鍋歡騰的牛肉粉
這圍爐而坐的一群人
這說不清的相逢
慢慢地升騰起毫無緣由的悲歡

有人垂首，有人高歌
有人埋頭吃著滾燙的米粉
無論怎樣，此刻都是生命在喧響。
小巷上的星空
高懸在一鍋翻滾的大海之上。
世界如此溫暖
我們總得承受愛，也時而承受著屈辱

2014 年

漁父閣

整個城市被翻過來了
開膛破肚
像屠夫清理下水
理順一條條大腸，一條條小腸
據說，文明城市考核的隊伍就要來了

不合時宜的時刻
恍惚之中，我來到這裏
住在一條江邊
還好，江水沒有被改道
還好，臨江的長堤上有被刻上石牆的詩歌

我將記得江堤上的這個夜晚
秋日的櫻花樹枝條沉沉地綠著
她在春天的嫵媚
還留存著一部分，輕輕地搖晃
輕輕地搖晃
公園裏的香樟站得真直啊

這挺拔的樣子，應該就是抒情詩人的樣子
不知像屈原，還是劉禹錫？

寄宿的樓閣之側
有一團兀立的水泥
有人指給我看，看它身上的槍眼
有人指給我看
看一座城市和一條大河的堅韌與哀怨

它兀立在那裏
有一團黑暗的光芒
它的周圍也被開掘了壕溝
使它的樣子，如一個懷著傷痛的過路人
正試探著邁步向前

2014 年

涉　江

船容與而不進兮，淹回水而疑滯。
　　　　　　　——屈　原《涉江》

未來之前，我已熟識這片江水
幾千年了，很多人用文字描述過她。
和這湯湯河水一樣，那些詩文裏
湧流著骨頭和鬼魂，深藏著愛
深藏著難以計數的秘密

為什麼此刻這具肉身掙扎著，要去
另一邊，遠眺著的灰色河岸？
走下河堤的臺階，有一個瞬間
我覺得魂魄早已離身
難道在河流的另一側，有一個放歌的我？
在河流的這邊，這沉重的軀殼
趔趔趄趄，想要飛躍，想要起舞
卻終是垂首走著

渡江，渡江
沒有人指給我這條河的流向
我分不清，這條河是東西橫著
還是南北豎著
分不清這裏是江南江北，還是江東江西
難道，是彼岸就該尋覓？

馬達轟響，大河被上下分割
也許，我和流水就該有此刻的樣子
就該仰頭向天，懷抱白雲
懷抱一句讀不出來的詩，渡過去。

我渡過去，還是乘了下一班輪渡
回到出發的碼頭，從盛開後的桃花林
回到了墨綠色的香樟樹

渡過來，渡過去
太陽懸在江上
我繃緊了跳躍的心
短短的 20 分鐘去路，20 分鐘歸程
似乎經過了人世所有的道路

這一生，也無非就是這樣
渡過來，渡過去

大概前世，早已用盡了逆流而上的氣力

大概前世，他跳下江去
重生的，不過是他不敢投水的
懦弱的那一部分自己

2014 年

壓水井

籌畫了好久
父親終於打下了村子裏的第一口壓水井

一米深的沙土層
再有兩米半的黃粘土
又有一米半的沙葉岩
幾位堂兄，僅用一天就在大地上掏了一個窟窿。
泉水噴湧而出
隨著簡單的槓杆原理
嘩嘩地來到老楸樹下的院子裏

後來，周圍的人家
都打了井，地下水退縮到深深的地下。
父親選了一個大旱的春天
再次把井深深地打了下去
花崗岩的縫隙間，那清亮的泉水被壓水井抽上來了

現在，大地深處
有一眼泉水
還響著父親那堅硬、執拗的探詢的回聲

2015 年

大客車轟響著開走了

15歲，第一次出門遠行
冬日的凌晨
父親在大客車旁流淚
這是我唯一一次看見父親流淚

大客車轟響著開走了
留下父親站在冬天堅硬的沙土路上
捏緊他方正的鼻子，擤鼻涕。
從此，我一次次背叛故鄉

　──又一次次紅著臉回來。
我只是為了尋找
那一次送行，父親留在寒冷清晨的身影

2015 年

唱片機

父親從城裏買回來一個唱片機
一個不土不洋，手搖加乾電池的唱片機

音樂響起。父親圍著唱片機
轉來轉去
他總想弄明白
那美妙的聲音是怎麼弄到唱片裏
又是怎樣被放出來的

老唱片轉著。
轉著，轉著，時光老去了
父親知曉了大地的樂聲

我也慢慢老了
時常耳鳴
在一陣陣轟鳴中
時而擁有萬籟俱寂的寧靜

天地間有多少生命的交響啊
變奏，迴旋，慢慢地
在消亡，慢慢地成就了世間的萬紫千紅

2015 年

薄　雪

── 致侄子英鋒

又是一年將盡
北方鋪滿薄雪的街道上
我們並肩行走，送你到寬闊的朝陽路
找那輛滴滴打車叫來的出租

此時你棲居的嶺南
一定是枝葉濃綠
那些高大的亞熱帶喬木如同聳立的塑膠樹
如同設計師用模具衝壓而成

在一條逼仄的山溝裏
我們的故鄉，躲藏在大地皺褶裏
村莊趴臥在那兒，困獸般微微抖顫
冬春相交之際，夜間也會飄著絲絲縷縷的白霧
一絲一縷纏繞著遠行的人

地下濕滑，腳步趔趄。
這裏是北京
這裏有著嗖嗖的寒風
也有視窗映照出的暖暖燈火。
這裏，是我們討論到深夜
也無法準確地對親人描述的異鄉

2015 年

公　社

地主家的孩子，就得叫這個小名：公社

1975年，我們偷他家苦楝子樹上的果子
搗爛成泥，摻進棉花絲條圍起來
做成鐵疙瘩一樣結實的球，油亮亮的球
——　油漿

我家帶暗櫃的楸木桌子
是五十年代分浮財時，從公社爺爺家扛回來的
母親將它抹上一層暗紅的新漆

過年了，仙逝的祖宗都要回家
在虛設的上席，端正地坐下。
只有公社家，沒有擺下供桌
他蜷縮在土炕上，不知新年已至
不知地主家的兒媳、自己的娘親已在臘月裏過世

媳婦在婆婆死後，嚎哭得最為斷腸

之後，被娘家人接走了。
這個輝煌的集體主義名詞，蜷縮在土炕上
昏昏沉沉，不覺饑渴

我和妻子商議去看看他
關於帶錢，帶油糧
關於怎樣讓別人認為，我們不是出於可恥的憐憫
關於兒時玩伴的友誼，老去後是否需要認領
爭吵了好久
後來，我們沒有去

地主家的孩子公社
小我兩歲，新年後就 47 歲了
小時候，我用油漿敲他光光的腦袋
他總是抻著長長的脖子，伸過頭來
等著油漿落到頭上

2015 年

星　空

鄉村小學的複式班上
五年級的一個學生坐在我們一年級中間
他就是大頭
腦袋大如籮筐，個子矮如木桶的大頭
一著急，臉就紅彤彤地著了火的大頭

五年級的大頭坐在我們一年級中間
坐著穩穩的老大交椅。
他有火柴，帶我們去點荒草，放野火
他偷來西瓜，蘋果，柿子
看著我們瓜分那些生澀的果實

五年級之後，大頭去了生產隊的牛欄做牛倌
據說接生過一隻比自己身子還大的小牛
又去了後山做護青員
滿山奔跑著攆走吃青草也吃莊稼的牲畜

突然失蹤半個月的大頭從水庫裏漂浮上來

腳上竟然決絕地捆綁了一塊石頭。
村莊是最容易忘記的，大頭的傳奇
也僅僅是他日過一隻山羊
他在中學門外大聲念著自己發明的英語
嘰嘰咕咕，女孩子們嚇得繞道遠去

十幾年過去了，村裏的老房子
翻新成高大明亮的新屋
只有大頭的媽媽，還守著大頭住過的小黑屋子

拜年時，我們吃驚地發現
黑黑的小屋子四壁，甚至山牆，房頂
被用粉筆畫滿了星星
月亮，太陽，銀河系，還有模糊的雲圖

"都是大頭畫的。"我們站在小小的房子中間
眼前是繁星滿天
是矮矮的少年大頭的星光燦爛

2015 年

山路彎彎

村子裏的白族女人
來自遙遠的雲南

16歲，隨光棍大周進村當天就圓了房。
孩子4歲時，先天性心臟病男人的肚子
突然腫得像一面大鼓，死了。
似乎是順理成章，她改嫁給大周的弟弟
這第二個男人沒留下孩子就走了
死在了青島的建築工地
在建的樓突然倒塌……

我和一位白族女詩人聊起她來
在太平洋的一個小島上，安靜的捷運裏。
女詩人穿著得體，舉止優雅
正說著她的藝術理想。
她的同鄉，遠嫁山東的雲南人正在這時打來電話
用比我還重的莒縣口音抱怨 ——
鄉親的墳地修在了她家的田裏

越堆越多，越堆越大

造化弄人，命運就是這樣
將兩個白族女人一個拋在了魯東南的山溝裏
一個安坐在現代列車上

通話那一刻，她正挑著土肥
在彎彎的山道上氣喘吁吁地走著
扭著嬌小的身子。
遠遠的路上，一定有人卷著舌頭，竊竊私語 ──
看那個小個子的外鄉人
屁股大得像草垛
奶子鼓得像墳包
命運暗得像灰塵

2015 年

蜜蜂，或者蜂蜜

不知道這群蜜蜂飛過了幾條溝幾座山。
它們來到大伯家院子裏的大槐樹上
槐樹花已經被擼下來，做飯菜吃了

大伯家破爛的院子
瞬間亮堂了起來
蜜蜂嗡嗡響著，繞樹飛舞
在高大的槐樹上，繞成一個團

據說，能將蜂群收下的人
就是這條山溝最有福氣的人
而收不成蜜蜂，命運是多麼不濟！

幹幹瘦瘦的大伯用竹竿挑了纏著紅糖的棉花
念叨著收蜂的咒語，向樹上爬
院子裏圍觀的人群迸住聲息

蜜蜂飛了！蜜蜂還是飛走了

像一片漂移的黑色雲團，飄過我們的頭頂
移出我們仰頭追蹤的視線

蜜蜂還是飛走了！
大伯從此成了那個弓腰走路的瘦老頭
離世之前，遵從風俗
緊咬牙關的大伯被掰開嘴巴
吞咽了他在這世間的最後一口——一滴蜂蜜

大伯瘤瘤的嘴唇上下翕動
艱難地吐出一個字：苦

2015 年

鄉村電影

先是男主角在北京開著
賺錢的公司，有了二奶
死驢撞南牆一樣，回鄉和女主角離婚。
女主角在村裏堅強地養豬
種種困難之後，成了有錢的委員和代表。
話說，故事和傳統戲一樣沒什麼新意
二奶被車撞死了
男主角公司破產，流落街頭

一個呂劇數字電影
劇情簡單，三觀腐朽
卻對上了鄉村的胃口
在村子裏被一遍一遍地說起 ——
富貴就該要飯！
杏花就該委員！
那叫麗娜的二奶就該出事兒！

清晨，我在沉睡中醒來

聽到鳥語花香的院子裏
媽媽和她兒媳又將昨晚的電影講了一遍

這個村子，這個電影
對人性的豐富壯闊不予理睬
將時代的波瀾起伏看成因果故事
它們和媽媽的講述一樣
只對城市有著說不清的滿滿的惡意

2015 年

月光照著徐家村

我們在月光下奔跑
在月光下躲貓貓

幾十年了，小翠躲到柴禾垛後
我們一直沒有將她找出來

她太會藏了，柴禾垛後面
那條小路，通向了無盡的綿綿的時間

月光照著徐家村，這清澈的淚
在村莊裏慢慢流淌

也許哪一天，小翠突然回來
還是月光下那樣小

2015 年

石 頭

父親從自家園子裏開出石頭
一鑿一錘，雕刻出一盤石磨
父親一直驕傲地自誇：
這不是一盤籽粒兒留戀磨堂子的石磨。
那些糧食進入磨眼後，在磨盤的積壓碾磨下
迅速地逃離那粉身碎骨之地
成為糊糊，成為煎餅或者豆腐

村子裏最大的碾台
立於清代，幾十根木頭杠子當作輪子
將幾方的整塊石頭，從百裏外運來。
一位孕婦悄悄地，躲藏在門縫中的眼睛
使巨石轟隆裂了一條細細的紋。
我曾經從碾台下摸出過一枚溫暖的雞蛋
之後，和小夥伴們，每天都去摸
在摸索中，我們慢慢長大了
卻從沒有再摸到一顆

單家林裏，出土了一個石根
這意圖鎮住家族裏私奔之風的法器
卻被挖了出來。
巨大的男性生殖器，需要兩個壯勞力才能抬得起來
但是三十歲未婚的大頭卻一個人扛著
滿街走動

似乎一夜之間，石頭遁行。
在這個村子裏，我再也找不到它們了！
曾和老村一樣命硬的石頭
你們都去哪里了？
是潛入了地下，還是倒懸於天空？

2015 年

大石頭鄉

獸醫站西邊是衛生院
供銷社東面是老黨委。
我在木器廠門市部買了第一本連環畫 ——
小靈通漫遊未來

煙站沒了，因為產業調整
糧所沒了，因為不再統購
郵局沒了，因為撤鄉並鎮……
快遞公司一家又一家開了張
因為山村就是地球村

開火化車的老單瘸了腿
上訪回來就在街頭曬瞌睡。
河邊的兩塊陰陽石被炸掉過幾次
卻還在生長，還以凸凹的模樣昭示萬物有靈

我在小霞理髮館被叫做老徐
烏黑堅硬的頭髮現在灰白稀疏。

南面是梁甫山，海拔僅有 500 米
我們認定這就是大山了
認定這就是李白杜甫看見的梁甫

北面是北山水庫
大石頭人民公社 26 個大隊的突擊隊鐵娘子隊用小推車修起來
的大水庫
被做通訊鐵塔發家的厲鐵匠
圍在了他的小園子裏
作為風景，鑲嵌了花崗石邊兒的水庫變得那麼局促
（鐵娘子隊裏的三表姐住過我家，她討要過我的演草紙揉搓啊
揉搓）

老聯中在屠宰站的院子裏
水塔還在，小時候覺得它和山一樣高
現在，抬高了的柏油路已經和水塔的頂子平著了
我和王家老二在水塔下玩過羽毛球乒乓球籃球足球
少年光陰就那樣被當作球踢走了

瓦藍瓦藍的天空下是信用社的青菜地
青菜地前是雨季發著滔天洪水、旱季河床乾巴巴的大石頭河。
水庫後面的山上，有著祖先的墳場
山下村巷中，祖先的魂兒溜回來，悄悄遊蕩

2015 年

回鄉偶遇

臘月將盡
我是這熱鬧季節中的閒人。
在大石頭河找石頭的時候
遠遠地，偶遇了一個秘密

離村三裏地的石拱橋下
有一位在寒風中換衣服的人！
他將油黑骯髒的衣服脫下
換上一身嶄新筆挺的西服
然後，拖著行李箱，走上公路
走向春節將近的村子

這是村裏最光鮮的人王小包
據說在北京做著老闆。
正月初一，挨家拜過了年
兒子說，只有老闆家的糖是好牌子的，最甜

去年夏天，在朝陽路的一個地下通道裏
我遇見過老闆。

他滿是油污的衣服又破又厚
向路過的人伸出乞討的手

我在心裏盤算著是否鄉親相認
低頭遲疑間，瞥見地下通道拐彎處
遠遠的一個背影匆匆離去

手裏握著全村最好的糖果
我悄悄在心底說：鄉親，新春快樂

2015 年

村子裏總有人走失

小灘縣隨鋸鍋盆的爐匠走村串鄉沒有回來
每年春節，五更分二年的那一刻
爐匠爺爺會在村子中央，掄起一件小灘縣的上衣
作法，召喚衣服的主人回鄉。
大灘縣的兒子背起包就走了
據說一步一步走到西藏
有人卻在深圳的健身房裏遇上了他
據說，小夥子結實又帥氣

村子裏總有人走失
德遠的兒子在青島的一汪池水裏溺亡
這靠近大海的水池，卻是那麼狹小而骯髒。
徐姓二嬸跟著高姓遠親表哥去了東北
這是 40 年前的事情了
昨天她一個人，從那條已經廢棄多年的沙土路
翻山越嶺走回家來，啞巴一樣
將 40 年的時光放在了肚子裏……

村子裏總有人走失
我回來了，恍惚中不知自己是在哪里
我離開它，也想不明白到底要去何方

這一個走失的人，在世界的迷霧中
懷抱著一個小村清晰的圖像

2015 年

每個縣城都有一個跳舞的瘋子

每個縣城都有一個音像店
藏得下天地間所有的聲響

每個縣城都有一個跳舞的瘋子
跳出了塵世中全部的舞蹈

每個縣城都有一口大鍋
燒煮著全天下要喝的湯

每個縣城都有一個報攤
經歷過從鉛印走向雷射排版的九十年代

每個縣城都有一條沒有命名的街道
裏面住著一月二月三月，十二個月

每個縣城都有一個城門
當其他的門被時間摧毀

每個縣城都有一個我
在節慶中熙攘的人流裏孤獨地走著

2015 年

春明小史

這註定是一首藏下秘密的短詩
在吃蘑菇的小店裏飲酒的人
就是渾身著火的人

飯館和食客，這強大的掠奪者
將森林搬上飯桌
是的，流水也在
鳥鳴也在
那潔淨的草木味道都在這裏了

眼前就有一個奇幻的故事
只是看我們怎樣下箸。
沸騰的鍋子，圍桌而坐的人
喝下一杯，仰首長歎
我們要怎樣在庸常的飯食前捱過這漫長的一生？

幾次走到窗前
我對這喧鬧伴著酣眠的城市，看了一眼。
透過窗戶的星星，在天際
你可聽得見我輕聲的晚安？

2015 年 4 月

背向大海

朝著背向大海的方向走！
我們按著頭頂上一朵白雲的指引
向北走去

這個海岬
三面環海
異鄉人的方向感
被大海弄得起伏波動

還好，此刻，背向大海
就能走向那個等待啓封的故事。
良友咖啡館裏
我不是那個表達清晰的人
咖啡和老照片營造出的懷舊氣氛
讓朋友們臉色莊嚴

好吧，一杯啤酒之後
我還是如實招供吧
命運曾一次次讓我紅著臉

不辨方向，經過這裏

正如我們的生活，這狹小的一片土地
當你背向它時，前面還是大海

我們不知所措，不知面前是遼闊的洋面
還是我們的無盡淵藪

2015 年 6 月

寶島記

想找一個時刻宣告一下青春的結束
我覺得，此刻的島上正合適

在集體歌頌青春的時刻
我悄悄在哀悼青春。
在白雲和青草簇擁的校園裏
我是那個白髮遊客
我是那個似乎沒有經過青春
就已老去的鬱鬱的行吟者

放鬆。我在心裏叮囑過自己無數次
但一張嘴巴
言詞就重重落地
表情就如繃緊的鼓皮

這裏是南部，島的盡頭
我們會掉頭回去。
讓我在大海之側長歎一聲吧
唉！──波濤並不回應人類的情緒

2015 年 6 月

文廟路

那些青菜被你一一領回了家
藍天在街巷的切割下，只剩幾個小小的格子
有一個窗戶裏飄出了蔥花熗鍋的香氣
補鞋子的人在嗤嗤地磨著刀子
我拿著一本看過就扔的雜誌往家奔跑
　——唯有這樣的日子，才配稱作生活

幼稚園的孩子們在那裏嘰嘰喳喳
陪著他們一起吵嚷的麻雀飛過了我的頭頂
藍天就這樣貼近下來，又升了上去
在文廟路，我們沒有遇見過孔夫子
只是隨著季節，做青團，蒸螃蟹
溫黃酒，炒栗子
然後，一磚一瓦
搭建劇場，夢幻，和油鹽醬醋一樣味道各異的日子
然後，在煙花升空的那一刻
隨大江大海一起歡呼

　——呵，生命，自有他奪目的部分
也有他暗下來的時日

小學校和清眞寺

回民小學的門老是關著
清真寺的門時時敞開
我不知道這裏面的道理
只是路過多了，留意了這些門口的動靜

遠處的河流交匯，大海起伏
近處的就是這些，灰黑的居民樓被塗刷成白色
學校門口是鮮亮的綠
寺廟的門口是莊嚴的黃

哪里在講述真理
哪里在傳播教義
其實我們真的弄不清楚
還好，我喜歡這一切
那些混雜的人群裏，充滿了生活全部的道理

旋　風

一陣旋風，吹起黃黃的沙土
旋轉的圓柱氣流
驚嚇了路人
喧鬧的十字街頭突然靜了下來

這旋舞的生命
在努力還原自己原來的樣子
他用一陣風
想站起來
有模有樣地站在這熱鬧的大街

人群裏有人顫抖了一下
隱隱約約，他看見了親人的影子
飛旋著遠去

閉幕式

來賓們，朋友們
演出就此結束
在這難忘的夜晚
謝幕人是我的青春
—— 呵，也許只我一人難以忘懷？！

—— 在謝幕的同時，還有更多的幕布將被拉開
我將努力表演下去
告訴你們，此時此地的這個角色
深深地愛著這個舞臺
他領受過的諷喻和嘲笑
配合了劇情，掀起了一波一波的高潮

謝謝你們，誠實的觀眾
你們有足夠的善良來原諒我
你們有足夠的分辨力
將我從街巷裏人群裏認出來：

看，就是他，一個不合時宜的夢遊者
和昨天大街上裸奔的北方人一樣
將以危害盛會的名義被鎖起來

你們有足夠的力量
喊叫：該結束了！
趁著夜的大幕徐徐升起
光明和黑暗之間，請將那一縷光束對準我
讓我通體明亮，向來來去去的一切
擺出一個莊重的姿勢

滿山的桃花

── 春日懷詩人臥夫

在死亡面前描述桃花是輕佻的
但這裏，沙峪口的山坡上桃花燦爛
白的，粉的，紅的，她們在說著
生之絢爛，生之倏忽，生之茫然

重載的大秦鐵路轟隆作響
似乎要將整座燕山拖向大海
我用手指，點畫著數了 115 節車廂
黑色的組合列車，首尾都有兩個紅色的大字：和諧。

水庫邊的小館子，老闆娘示意老闆不談你
不談山頂上的你，她的眼神滿是對死的忌諱。

北京城就在前面
背靠著你的燕山，背靠著你決絕的死。
北京城就在山下，灰暗的沙塵在飛揚

漫天渾黃中，春日的花朵濃豔。
這個季節的人間，每一朵花兒都在掙扎
做著向死而生的綻放

2015 年

君山遠望

在大湖的清波中
君山還是那個安靜的少年
懷抱著心事
遠眺著武陵

落第還鄉的路上
那個踽踽獨行的書生
遇見了牧羊女
成就了一個傳奇

洞庭、錢塘、涇河
這些水中，自有熱鬧的生活
也有飛升而出的
寶石般的幻夢

"春至不知湖水深
日暮忘卻巴陵道"
湖水。長天。愛情
斑竹。新茶。古井

岳陽樓下，遠對青螺
我猜測著前往君山的路
在湖水中，是深是淺

2015 年

岳陽樓

湘資沅澧和長江都來了
在這裏做一場筵席
開一個大江東去、途中歇息的會議
説一説
巴陵、武陵和雲夢澤的故事
説一説
屈子、太白、子美和範文正公的詩篇辭賦

掰著指頭數一數
天下大江大河、大澤大湖太多太多
只有這裏才配叫做江湖
只有這裏有名樓一座，月光時起時伏
波浪是一湖詩卷中的幾頁小詩

岳陽樓下，轟響的大船上
我看見一條湖中擺尾遊動的小魚
突然竄出水面，那一瞬間
人間的樓閣聳立
塵世的煙火在岸邊升騰而起

2015 年

洞庭小令

又是一個秋天
又是一池湖水

我有浮生半日可醉
我有沿湖萬步要減的肥

鴻雁初歇的湖上
我有無法分清的歡喜與傷悲

湖山欲暮時
夕陽沉沉地墜

2015 年

乙未暮春，敬亭山上

終於來了
乙未暮春，以詩歌和春天的名義
我們來到宣城
在這裏，手機短信遇見了長風萬里。
我們來了，我們來宣城
學習小謝的模山范水
來宣城，抽刀斷水
做一次仰頭長嘯的太白

江城如畫
自南朝、大唐，到今天
這裝訂整齊的冊子
一頁一頁被翻開
在觀賞之後，被重新點染
浪漫主義
在這裏約會了現代情懷

眾鳥高飛的瞬間

我們這些後來的垂首者
在古人的寂寞和熙熙攘攘的人流中
找出自己的那一份孤單

孤雲獨去，梧桐花開
山路上，那些拾階而上的少年
悄然默念著一個句子
他們當中
有一位婉美清麗的謝朓
還有一位豪放飄逸的李白

勃蘭登堡協奏曲及其他

很多次了
在城市，鄉村
熟悉的地方，陌生的地方
夜晚安寂之時，或者午後喧鬧之時
音樂會突然響起
從臨街小店的音箱中，自高樹上的喇叭裏
旋律傾瀉一地

我就在那樂音籠罩下
或者激蕩，目光放遠，內心轟響如河流
或者安靜，從內到外，像一棵站立的樹木

天地之間
我旋即進入劇情
在最合適的配樂聲裏，出演了那一刻
沒人替代的主角

2016 年

參觀鋼鐵廠

這個爐子停產了，張師傅說。
不得不停，張師傅說。
鋼產量將市場的大肚皮撐破了，張師傅說。

前年掉進去一個人，張師傅說。
還沒結婚呢！張師傅說。
他就掉進去了！張師傅說。

1800 多度啊，他瞬間就沒了。
我都搞不清楚哪股飄升的熱氣是張國瑞。
—— 張師傅還在說，我突然有些失聰。

……默默地，我們乘上中巴
上車時我用手扶了一下車門
又迅疾縮了回來
這寒冬裏的鋼鐵太燙，太燙

2016 年

曲阜東乘高鐵返京微信致鄒城潮汐兄

鐵山、崗山、葛山、尖山、嶧山
平原上的鄒城就在群山之間
成就了自己的聲名
——鄒魯原來即天下！

那些驚世的摩崖和時間對抗著。
太可惜了，你連連歎息
別說我們經不住時光的折騰
就連堅硬的石壁也難以抗得住風雨侵蝕

你拓印過"石頌"
拓印過方圓百公里山巔和山腳所有的經。
勤勉的拓石人，架著木梯子
將自己懸在絕壁上
那一刻，身心也如勒石的古人
渺遠，樸素，袍袖揮灑

將一座座山拓印下來

將一條條河流拓印下來
將仰天灌酒的古代詩人拓印下來
將躬腰相揖的兩棵老樹拓印下來
將天青色的曙光和昏黃的暮色拓印下來……

我在回京的列車裏，抱緊了懷中的大地
唯恐有一絲搖晃
將山河揉皺了
揉破了

2016 年

玉泉路

玉泉路在玉泉山下
玉泉路與復興路交叉。
—— 東去是長安街
西去有八寶山

雕塑公園在這裏
花鳥魚蟲市場在這裏。
一排簡易出租屋在這裏
我和幾個少年的一次偷窺在這裏

—— 一間十幾平米的房裏，4張上下床
住著 8 對夫妻

我們猜想他們如何在熱哄哄的房間睡覺
這首不想抒情的詩裏，我不得不寫到月亮
透過沒掛窗簾，大開的窗子
月輝佈滿小屋

終於，一張床輕輕搖動起來
而其他的床一動不動
望遠鏡後的少年們竊笑著
我卻熱淚盈眶

那一瞬，這世間所有的愛和歡愉
都擁擠在這小小的屋子。
所有的悲愴也在這裏！

這巨大的城
請將你的喧響停下來
哀傷的玉泉路有人在寫詩……

2015 年

恐怖襲擊

巴黎發生恐怖襲擊
—— 車裏有人高聲叫道

前排女詩人立即和男編輯討論起
這事件如何寫詩

我旁邊的老先生刷了一會手機消息
淚流滿面，閉上雙眼

在我們周圍
輕佻和沉重常常同時出現

2016 年

撒　嬌

到了山半腰，我們坐下來
女兒建議比賽撒嬌

孩子的表弟和我
經評選，分獲一二名。
只有我們倆用最簡單的方式
嘴裏輕輕地嗯了一聲

我們獲得了
一致的掌聲和一致的同情。
大家很驚訝，頑皮的少年和壯實的中年
撒嬌時那麼真切

很快，大家發現了兩個男人的共同之處
原來，他和我，都失去了父親

2016 年

懸崖和鐵索

在一堵懸崖上方
我們被一條鐵索攔住

這正是照相的好地方
萬丈深淵前，風吹著登山的人群
一掛鐵索，阻擋了這些沉重的身軀
人生總有這樣一截
寫滿了生活本身輕與重的矛盾

我們看不見危險的境地
輕快地踮著腳尖，對著鏡頭
將心裏的歡欣彩雲一樣掛在了臉上
掛在了剛剛登臨的又一座山峰

2016 年

夜宿珍珠泉

泉水邊的遠方在我心裏。
泉水淙淙，沖洗不掉身邊的世俗
我對著一碗麵條發呆
對自己一步一步走向的深淵毫無覺察

從珍珠泉開始
我無限的感知打開
每走一步，總知道自己在哪里

這是柳樹和荷花的季節
空氣中的綠，頭頂上的藍
如何能折疊，並快遞給你？

即使泉水如深夜般安靜
我仍能聽到汩汩湧動中你的傾訴

2016 年

溫泉記

夕陽被溝壑含住
我們無力將它拖出來
時間啊，我們無力將你的指針往回撥
哪怕僅有一圈

這溫熱的泉水
在山谷裏已然流淌了千年
我們匆匆而來
暮色中，仍然不忘辨認著天邊隱隱出現的星星。
林稍和飛掠而過的鳥
會記得這段旅程
—— 那匆匆趕路的兩個人
對漸漸升騰的夜霧毫不在意

整座山谷哼唱起小夜曲
就在那裏，我們做了一會相對的嬰兒。
生命不是由心跳和呼吸來完成
只由我們共有的光陰
一點一滴堆起

2016 年

小石頭記

就這樣，你遞過來
它一直在我手裏了

我握著的是遠方
是一條大河的源頭

這小小的石頭
陪伴著我，傾聽著我的歡愉和不快
也傳遞著指紋一樣清晰的你的情緒

我握住了命運給予我們的一切。
就這樣，你遞過來
我握住了它

2016 年

小石頭再記

商人製造了鑽石的價值。
這塊頑石，我們賦予了它
活著的意義，它隨著日出日落的心跳與呼吸
加入了萬物的奏鳴曲

就是它！在我這裏
沉甸甸地
壓住我此生的慌亂
應和著我的喜悅和傷感

──我愛你
如這冥頑的卵石
在河灘上，任由洪水沖刷，任由風吹日曬
兀自懷著一顆玉化的心

我愛你！就是它，此刻安靜地在我的案頭
將陪伴變得如此簡單
將遠方置放在我的眼前

2016 年

青龍行

每年幾次，我會在濟青南線上飛馳
天高地闊啊！道路兩側展開了故鄉的四季
色彩斑斕的大地
瞬間綠了，瞬間黃了，瞬間白了

我曾將位置發送給你，就是前天
車子行駛在碧藍的大海之上
在膠州灣大橋，路標告訴我們
濟青南線已經是 G22，已經叫做青蘭高速。
這條原本是青島到紅其拉甫的路
這條在版圖上從青龍到白虎的路
有著那麼多以顏色命名的地名……

遠處帆影點點，頭上是盤旋著就要降落的航班
　── 世界有著無限的道路
每個人都是逐日的誇父

此刻，我已在道路的另一頭

從起點到了終點
跨越了那麼多的山嶺和溝壑
恍惚中，僅是越過了一個瞬息間的夢！
 —— 只為這忘我的歡快抒情了
不該忽略路上眾多的標識
那隨著彎道畫下的實線
是不是我們要面對的世間的天河？

天空碧藍，一如東方的大海
高原的弧線也如大海起伏的波濤
萬物都在奔跑！

我到了。此刻，我在這裏
萬水千山後，篤定地守著
一碗漿水面，酸酸的，透著甜

2016 年

郎木寺

郎木寺是一個鎮子
一個很有特點的小鎮
我在那裏的一個小店裏喝過越南咖啡
那真是太好喝了
當然，那小店夥計太帥了
眼神真誠，清澈而憂鬱
　—— 她的講述帶著大城市遊客共有的語調
城市之外有被消費和審視的美

郎木寺是一個鎮子
一個很有特點的小鎮
我在那裏的一條小街被藏族女人認出了前世
宿命是這個樣子的 ——
胸前的蜜蠟、琥珀可能是假貨
手裏握著的河卵石才能見證三生

　—— 我的講述明顯是一個迷途遊客的語氣
可迷途帶來的未知的快樂
實在是太迷人了

2016 年

故　鄉

小時候，從縣城、從臨沂回家
覺得到了村前南山就到家了
過了幾年，從濟南、從青島回家
覺得到了更遠些的
莒縣平原上的沭河就到家了

前幾年，從北京回家
剛過汶河，覺得到了再遠些的
齊與莒的交界 —— 穆棱關就到家了

而今，剛剛駛離河北
在黃河大橋的減速帶上
我內心咯噔一下，到家啦！

世界越來越小了
我越來越老了

2016 年